FACULTÉ DE DROIT DE PARIS.

THÈSE
POUR LA LICENCE

L'Acte public sur les matières ci-après sera soutenu le mercredi 27 février 1856, à dix heures,

Par JEAN-MARIE BRANSIET, né à Apinac (Loire).

Président : **M. BRAVARD**, Professeur.

MM. ROYER-COLLARD,
    DE VALROGER,
    VUATRIN,   } Professeurs.
    COLMET DE SANTERRE, Suppléant.

Le Candidat répondra en outre aux questions qui lui seront faites sur les autres matières de l'enseignement.

PARIS.
CHARLES DE MOURGUES FRÈRES SUCCESSEURS DE VINCHON,
Imprimeurs de la Faculté de Droit,
RUE J.-J. ROUSSEAU, 8.

1856.

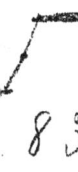

A MON PÈRE, A MA MÈRE.

A MON ONCLE.

JUS ROMANUM.

QUI POTIORES IN PIGNORE VEL HYPOTHECA HABEANTUR ET DE HIS QUI IN PRIOREM CREDITORUM LOCUM SUCCEDUNT.

(D., lib. xx, tit. 4— C., lib. vIII, tit. 18.)

Quum de ordine creditorum, qui pignus vel hypothecam habent, agitur, observandum est an quidam inter eos potiores sint pignore, quidam autem concurrant tempore; nempe : qui potior est tempore, potior est jure ; qui vero concurrunt tempore, concurrunt jure.

Tribus modis evenit ut creditor potior sit tempore ; etenim potior videri potest, aut proprio jure, aut in alterius locum succedendo, vel etiam in suum.

I. Et primum potior habendus est tempore ille cui res pignerata fuit ex priore conventione.

Nec interest utrum pure, an in diem, an sub conditione inter creditorem et debitorem conventum fuerit. Unde si in diem de hypotheca creditor convenerit, dubium non est quin potior sit, licet ante diem cum alio creditore pure de eadem re convenerit debitor.

Idem dicendum est si sub conditione, stipulatione facta, hypotheca data sit, qua pendente, alius credidit pure et accepit eamdem hypothecam : quum enim semel conditio extitit, perinde habetur ut si illo tempore quo stipulatio interposita est sine conditione facta fuisset.

Alia autem causa est ejus qui pignus accepit ad eam summam quam intra diem certam numerasset, ac forte priusquam numeraret, alii res pignori data est. Etenim quum poterat creditor non accipere pecuniam, nullum adhuc jus in hac promissa pro pignore habebat, et ideo non poterat videri pignus esse constitutum.

II. In alterius locum succedendo potior aliquando fit medio posterior creditor, quod evenit quum debitum totum priori solverit et simul convenerit ut in pignus hujus prioris succedat. Etenim si nihil convenerit de pignore, in jus prioris non succedit et melior est causa medii creditoris.

Notandum tamen hanc stipulationem utiliter non amplius posse interveniri, quum antea debitor rei pigneratæ dominus esse desierit.

Similiter in pignus pignoris creditoris succedit is cui ipse creditor jus suum cessit.

In utroque autem casu fit subrogatio inscio vel etiam invito debitore; et Marcianus ait : « Sciendum est secundo creditori rem teneri etiam invito debitore, tam in suum debitum quam in primi creditoris, et in usuras suas et quas primo creditori solverit » (L. 12, § 6).

III. Tandem, ut supra diximus, aliquando sibi in suum locum creditor succedit, quod evenit quum creditor, acceptis pignoribus, quæ secunda conventione creditor accepit, novatione postea facta, pignora prioribus addidit; superioris temporis ordinem manere primo creditori placet tanquam in suum locum succedenti (L. 3, Pap., lib. 2, *resp*.).

In omnibus casibus prior tempore habendus est creditor non qui antiquior creditor, sed qui prius convenerit de pignore ; et placet si prior convenerit de pignore, licet posteriori res tradatur, adhuc potiorem esse priorem.

Nec quoque interest an pignus vel hypotheca generaliter aut specialiter accepta fuerit.

Non solum ex stipulationibus prioritas pignorum nascitur, sed etiam ex auctoritate prætoris aut ex judiciis ; sic Ulpianus docet : « Si et jure judicatum et pignus in causa judicati ex auctoritate ejus qui jubere potuit captum est privilegiis temporis fore potiorem hæredem ejus in cujus persona pignus constitutum est » (L. 10, Ulp., lib. 1, *resp*.)

Nec quoque interest utrum pignus jure civili constitutum fuerit, an non; verbi gratia, si non dominus duabus eamdem rem diversis temporibus pigneraverit, prior potior est, quamvis, si a diversis dominis pignus accipiamus causa possessoris melior sit.

Nulla amplius agitur prioritas inter creditores qui diversas res, aut diversas ejusdem rei partes pro pignore acceperunt.

Qui pignus accepit, si postea ex alia causa ejusdem debitoris creditor factus est, non potest equidem ob hanc novam causam potior esse medio creditore. Sed quod ad primum creditum attinet, potior est non solum pro credito, sed adhuc pro usuris, etiam iis quæ cucurrerunt postquam secundo creditori res fuerit obligata.

Prioritas contra omnes creditores prodest, etiam adversus rempublicam et fiscum.

Creditor qui prior hypothecam accepit : sive possideat rem, et alius vindicet hypothecaria actione, exceptio priori utilis est, *si non mihi ante pignori hypothecæve sit res obligata :* sive alio possidente, prior creditor vindicet hypothecaria actione, et ille excipiat : *si non convenit ut sibi res sit obligata,* hic in modum supra relatum replicabit.

Sed si cum alio possessore secundus agat, recte aget, et adjudicari ei poterit hypotheca, ut tamen prior cum eo agendo, auferat ei rem. (Marcian., l. 12, pr. h. t.)

Attamen si specialiter quædam et universa bona generaliter fuerint obligata priori creditori, et ex eis quæ nominatim ei obligata sunt universum redigere debitum possit, pignus non aufertur posteriori creditori, cui quoque bona generaliter obligata sunt.

Aliquando evenit ut prior non potior manet ; sic quum de hypotheca pactum fuerit et deinde cum voluntate creditoris idem pactum fit de eadem re cum alio creditore ; in hoc casu posterior creditor potior est.

Non prodest quoque prioritas adversus creditores qui privilegiatam hypothecam habent. Sic Ulpianus ait : « Interdum posterior potior est priore : ut puta, si in rem istam conservandam impensum est quod sequens credidit ; veluti si navis fuit obligata et ad armandam eam vel reficiendam ego credidero » (L. 5, Ulp., lib. 3, *resp.*).

Et idem Ulpianus docet : « Alia privilegiatæ hypothecæ species est. Nimirum creditor qui ob restitutionem ædificiorum crediderit, in pecuniam quam crediderit privilegium exigendi habebit » (L. 25, Ulp., *de reb. cred.*)

Et quoque Justinianus (L. 12, C., h. t.) magnam prerogativam pro dotis repetitione præstat mulieri, ut non solum contra omnes pene personales actiones habeat privilegium, sed etiam creditores alios antecedat hypothecarios, licet fuerint anteriores.

Notandum tamen est eos qui acceperunt pignora quum in

rem actionem habeant, privilegiis omnibus quæ personalibus actionibus competunt præferri (L. 9, C., h. t.).

Si pluribus res simul pignori detur, æqualis omnium causa est : ergo si duo pariter de hypotheca paciscantur in quantum quisque obligatum hypothecam habeat, utrum pro quantitate debiti an pro partibus dimidiis quæritur? et magis est ut pro quantitate debiti pignus habeant obligatum (L. 16, § 8, D., *de pignoribus et hypothecis*).

Et addit Ulpianus : « Si debitor res suas duobus simul obligaverit, ita ut utrique in solidum adversus extraneos Serviana actione utentur. Inter ipsos autem si quæstio moveatur possidentis meliorem esse conditionem, dabitur enim possidenti hæc exceptio : *si non convenit ut eadem res mihi quoque pignori esset* » (L. 10, *eod. tit.*, Ulp.).

Non omnibus tamen casibus qui concurrunt tempore, concurrunt jure ; hæc regula enim duas exceptiones patitur :

1° Fiscus præfertur cæteris quibuscumque concurrit tempore ;

2° Quum creditor partem nominis sub pignoribus contracti vendidit, quamvis pro parte quam retinuit concurrat et tempore et causa cum emptore, tamen ei præfertur.

POSITIONES.

I. Lex prima pr. et lex xi pr. nostro titulo conciliari possunt.

II. Superficies in alieno solo posita pignori dari potest.

III. Si fundum pignori accepit creditor, antequam reipublicæ obligaretur, sicut potior est tempore, potior est jure.

IV. Dies tantum, at non horæ, supputantur in ordine creditorum.

DROIT FRANÇAIS.

(Code Nap., art. 2092-2094 ; art. 2114 à 2147 ; art. 2151. — Code de proc. civ., article 832-838 ; art. 749-779.—Code de comm., art. 446 et 448 ; art. 552 à 556.—Ordonnance de janvier 1629.—Loi du 3 septembre 1807, sur les hypothèques judiciaires.

PRINCIPES GÉNÉRAUX.

L'art. 2092 du Code Nap. pose en principe : « Quiconque s'est « obligé personnellement est tenu de remplir ses obligations sur « tous ses biens mobiliers et immobiliers, présents et à venir. »

Ce principe devrait être présenté d'une manière plus générale, car il n'est pas nécessaire pour que le débiteur soit obligé sur tous ses biens que la dette provienne d'un fait qui lui soit personnel ; ainsi un héritier pur et simple est tenu sur tous ses biens des dettes du défunt ; un père est responsable du dommage causé par ses enfants mineurs.

Peu importe aussi l'origine de l'obligation, que ce soit un contrat ou un quasi-contrat, un délit ou un quasi-délit.

L'article 2093, faisant l'application de ce principe général, dit que tous les biens du débiteur sont le gage commun de ses créanciers et que le prix s'en distribue entre eux par contribution, c'est-à-dire proportionnellement, à moins qu'il n'existe des causes légitimes de préférence.

Aux termes de l'article 2094, ces causes de préférence sont les priviléges et les hypothèques. Toutefois cet article n'est pas limitatif ; ainsi le gage proprement dit, le dépôt, etc., sont des causes de préférence ; mais nous n'avons à nous occuper ici que des hypothèques.

L'hypothèque, toujours accessoire d'une obligation principale, est définie par le Code : « un droit réel sur les im- « meubles affectés à l'acquittement d'une obligation. »

Elle a pour caractères principaux : 1° le droit de *préférence*, c'est-à-dire le droit de se faire payer avant d'autres créanciers ; 2° le droit de *suite*, c'est-à-dire le droit de forcer les tiers acquéreurs d'abandonner l'immeuble ou d'en subir l'expropriation, s'ils ne préfèrent payer le prix intégral de la dette.

Droit réel, l'hypothèque n'est pas nécessairement un droit immobilier par cela seul qu'elle ne peut reposer que sur des immeubles ; accessoire d'une créance principale, elle en prend le caractère ; et comme le plus souvent elle a pour but de garantir le payement d'une somme d'argent, il faut reconnaître que le plus généralement elle constitue un droit mobilier. De là suit évidemment que tel qui ne peut aliéner un droit immobilier peut donner mainlevée d'une hypothèque, s'il est d'ailleurs capable d'aliéner sa créance : ainsi, une femme séparée de biens peut aliéner sans autorisation, donner mainlevée d'une hypothèque; et cependant, aux termes de l'art. 1538 du Code Napoléon, elle ne peut aliéner ses immeubles qu'avec autorisation.

Un autre caractère de l'hypothèque, c'est son *indivisibilité :* l'immeuble sur lequel une hypothèque est assise reste affecté tout entier à cette dette, tant qu'elle n'est pas payée intégralement, et chaque partie de l'immeuble est affectée à toute la dette ; de telle sorte que si le débiteur venait à en vendre la moitié, les deux parties de l'immeuble ainsi divisé n'en demeureraient pas moins soumises chacune à l'hypothèque tout entière. Néanmoins on peut convenir que l'hypothèque sera divisible ; le caractère d'indivisibilité n'est donc pas de l'essence de l'hypothèque, mais seulement de sa nature.

L'hypothèque ne peut exister que sur des immeubles ou leurs accessoires réputés immeubles; elle ne peut frapper que sur la nue propriété ou sur l'usufruit; établie sur l'usufruit seulement, il est clair qu'elle s'éteint avec lui, à moins que l'usufruitier ne devienne propriétaire, auquel cas tout l'immeuble lui demeure affecté; consentie par le nu propriétaire, elle doit nécessairement, si l'usufruit prend fin, atteindre la propriété complète.

Il est du reste inutile de justifier cette disposition de l'article 2118, qui déclare susceptibles d'hypothèque, non pas tous les immeubles, mais bien les immeubles qui sont dans le commerce.

Quant aux droits d'usage et d'habitation, ces droits étant insaisissables et incessibles (art. 2204 et 631, Code Nap.) ne peuvent évidemment être hypothéqués.

Les meubles ne sont pas susceptibles d'hypothèques, et cela pour plusieurs motifs : 1° on peut facilement donner un meuble en gage; 2° le droit de suite appliqué aux meubles aurait été une entrave pour le commerce, et n'aurait pu se concilier avec l'art. 2279 qui n'accorde au propriétaire lui-même la revendication que dans des cas exceptionnels; 3° d'ailleurs, appliqué aux meubles, le droit de suite aurait été dangereux, attendu l'impossibilité d'avertir les tiers de son existence.

L'hypothèque est une création du droit civil; elle ne peut

donc s'établir que dans les cas et suivant les formes autorisés par la loi.

Quand on cherche la cause immédiate de l'hypothèque, on voit qu'elle peut dériver : 1° de la loi ; 2° des jugements et actes judiciaires ; 3° des conventions des parties.

Il y a donc trois sortes d'hypothèques : *légales, judiciaires, conventionnelles.*

DE L'HYPOTHÈQUE LÉGALE.

L'hypothèque légale est celle qui résulte directement de la loi.

L'art. 2121 en distingue trois sortes : 1° celle des femmes mariées sur les biens de leur mari; 2° celle des mineurs et interdits sur les biens de leurs tuteurs; 3° celle de l'État, des communes et des établissements publics, sur les biens des receveurs et administrateurs comptables.

On peut ajouter à cette énumération : l'hypothèque des légataires sur les biens de le succession (art. 1017, Code Nap.), et l'hypothèque destinée à assurer le remboursement des créances privilégiées non inscrites dans les délais et suivant les formes voulus par la loi (art. 2113, Code Nap.).

L'hypothèque légale de la femme se justifie par la protection que la loi lui devait; elle s'applique à toute espèce de créance de la femme contre le mari, et cela sous quelque régime que les époux soient mariés; elle est générale sur tous les biens du mari, et s'étend même sur les biens à venir à mesure qu'ils entrent dans son patrimoine.

En ce qui concerne les immeubles et conquêts de la communauté, pour savoir s'ils sont soumis à l'hypothèque légale de la femme, il faut distinguer s'ils ont été aliénés ou non par le mari, et si la femme accepte la communauté ou y renonce.

L'hypothèque légale du mineur ou de l'interdit, analogue dans ses causes à celle de la femme, s'étend sur tous les biens du tuteur; il convient de remarquer qu'ici le mot *tuteur* doit être pris dans son acception la plus large; ainsi, tuteur légal, datif ou testamentaire, protuteur, cotuteur et tuteur officieux.

Mais l'hypothèque légale n'existe pas : 1° sur les biens du subrogé tuteur, car il n'administre pas; 2° au profit de l'enfant durant le mariage sur les biens de ses père et mère; la loi ne veut pas frapper le mari de deux hypothèques générales; 3° au profit des personnes pourvues d'un curateur ou d'un conseil judiciaire, car ces personnes n'administrent pas.

On comprend du reste que l'hypothèque légale ne garantit pas les sommes que le tuteur devrait à son pupille à une autre qualité que celle de tuteur.

L'hypothèque légale au profit de l'État, des communes et établissements publics, se justifie comme celle des mineurs.

Par receveurs et administrateurs comptables, on entend tout dépositaire des deniers publics. La loi du 5 septembre 1807 les énumère; de ce que les percepteurs n'y sont pas compris, on conclut qu'ils ne sont pas soumis à cette hypothèque.

Par établissements publics, on entend tous ceux qui sont fondés par l'État ou les communes pour l'utilité publique.

L'art. 2098 du Code Napoléon et l'art. 4 de la loi du 5 septembre 1807 accordent encore à l'État un privilége sur les biens acquis à titre onéreux par les comptables depuis leur nomination ou bien par leurs femmes. La loi semble ainsi présumer que ces biens ont pu être acquis des deniers du trésor. Cependant la femme peut prouver qu'elle les a acquis de ses deniers propres, et dans ce cas l'action du trésor n'est pas admissible.

DE L'HYPOTHÈQUE JUDICIAIRE.

L'hypothèque judiciaire est celle qui résulte des jugements ou actes judiciaires.

Il importe beaucoup que les décisions de la justice soient exécutées le plus exactement possible ; c'est pour arriver à ce but que les hypothèques judiciaires sont établies.

Du reste, tout jugement n'emporte pas hypothèque; cet effet n'est attribué qu'aux jugements qui condamnent l'une des parties soit à payer une somme d'argent, soit à faire ou à ne pas faire; dans ce second cas, l'hypothèque a pour but de garantir l'exécution de l'obligation imposée à la partie perdante.

Il suffit toutefois qu'il y ait un germe d'obligation dans le jugement pour qu'il y ait hypothèque. Mais il n'y a pas d'hypothèque dès qu'il n'y a pas de dette. Ainsi, le jugement qui statue sur une question d'état ne donne pas lieu à une hypothèque, si ce n'est pour le remboursement des frais de l'instance.

Peu importe l'autorité dont émane le jugement, que ce soit d'un tribunal civil ou d'un tribunal de commerce, d'une cour ou d'un juge de paix ; peu importe aussi que le jugement soit contradictoire ou par défaut, en premier ou en dernier ressort, et cela en quelque matière que ce soit, car l'inscription de l'hypothèque est un simple acte conservatoire, et nullement un acte d'exécution.

Les sentences arbitrales n'emportent hypothèque que du moment où le président du tribunal a, par une ordonnance, rendu la décision des arbitres exécutoire.

L'hypothèque judiciaire peut aussi résulter d'un jugement émanant d'une autorité étrangère; toutefois il faut dans ce cas, à moins de traités politiques, que ce jugement soit rendu exécutoire en France par l'autorité française. Mais en quoi consiste cette révision? porte-t-elle simplement sur la forme, ou faut-il dire que les juges français seront appelés à examiner de nouveau les causes du litige? La question nous paraît de nature à devoir se résoudre d'après les principes généraux sur la force exécutoire des jugements étrangers.

La loi attache une hypothèque aux actes judiciaires comme aux jugements; mais tout acte judiciaire emporte-t-il hypothèque? Oui, aux termes de l'art. 2117, car il est général; mais il vaut mieux s'en tenir au cas de l'art. 2123, car l'art. 2117 n'est qu'un exposé des matières qu'on va traiter.

Le cas prévu est celui où un créancier, porteur d'un titre sous seing privé, assigne son débiteur en reconnaissance de sa signature; si celui-ci nie, il y a lieu a un jugement; s'il ne conteste pas, c'est là un fait que le tribunal constate et qui constitue une acte judiciaire, donnant naissance à une hypothèque. Il y a là quelque chose de bizarre: je vous emprunte une somme d'argent, vous ne stipulez de moi aucune garantie; vous m'assignez quelques jours après en reconnaissance d'écriture; je reconnais ma signature et par cela seul vous acquérez sur moi une hypothèque générale. Pour expliquer cela, il faut remonter à l'ancien droit, où tout acte exécutoire, jugement, acte judiciaire ou acte notarié emportait de plein droit hypothèque; les rédacteurs du Code maintinrent cette disposition en ce qui touche les jugements, et la supprimèrent pour les actes notariés; mais ils ne pensèrent pas aux actes judiciaires.

Toutefois la loi du 3 décembre 1807 a corrigé un peu ce qu'il y a de fâcheux dans ce cas, en décidant qu'un créancier peut bien assigner son débiteur en reconnaissance d'écriture avant l'échéance, mais que l'hypothèque qui en résulte ne peut être inscrite avant l'arrivée du terme ou de la condition. Cependant, malgré cela, le porteur d'un acte sous seing privé est plus favorisé que le porteur d'un acte authentique contesté; celui-ci, en effet, ne pouvant assigner en reconnaissance d'écriture, devra attendre l'expiration du terme, et il pourra très bien se faire que les lenteurs de la procédure se prolongent tellement que le porteur de l'acte sous seing privé se sera déjà fait inscrire et par conséquent le primera.

DES HYPOTHÈQUES CONVENTIONNELLES.

L'hypothèque conventionnelle, qui est la plus ordinaire, est celle qui résulte de la volonté des parties intéressées. Il y a dans l'hypothèque conventionnelle deux choses à examiner : 1° la capacité nécessaire pour consentir hypothèque ; 2° les formalités du contrat hypothécaire.

Pour constituer valablement une hypothèque, il faut, aux termes de l'art. 2124, être non-seulement capable de s'obliger, mais encore, il faut pouvoir aliéner ; en effet, en supposant même qu'on ne puisse considérer l'hypothèque comme constituant une sorte d'aliénation indirecte de la propriété, au moins est-il certain que l'hypothèque porte toujours en elle-même une atteinte très-grave au crédit du débiteur, et produit des effets souvent aussi étendus que ceux d'une aliénation véritable.

Cependant la règle de l'art. 2124 souffre des exceptions : ainsi, le mari peut hypothéquer l'immeuble ameubli par sa femme, quoiqu'il ne puisse pas l'aliéner sans son consentement ; et aux termes de l'art. 6 du Code de commerce, le mineur autorisé à faire le commerce peut hypothéquer ses immeubles, et cependant il ne peut les aliéner.

D'après ce principe qu'on ne peut transmettre à autrui plus de droits qu'on n'en a soi-même, il est évident que celui qui n'a qu'un droit de propriété conditionnel ou résoluble ne pourra consentir qu'une hypothèque également conditionnelle ou résoluble.

Toutefois si son droit de propriété devient définitif, l'hypothèque prendra le même caractère. C'est ce qui se passerait par exemple pour un acheteur à réméré devenant propriétaire définitif par l'expiration du délai de réméré.

Mais, il faut remarquer que l'hypothèque conserverait sa valeur, si celui qui l'a consentie venait à perdre la propriété de l'immeuble hypothéqué pour un fait purement personnel. Ainsi, par exemple, si une donation était révoquée pour cause d'ingratitude, cela n'annulerait pas l'hypothèque consentie par le donataire sur les immeubles faisant partie de la donation.

Les biens des mineurs, des interdits et des absents, ces derniers tant que la possession n'en est déférée que provisoirement, ne peuvent, dit l'art. 2126, être hypothéqués que dans les cas et suivant les formes établis par la loi ou en vertu de jugements.

Les art. 457 et 509 déterminent les cas où l'hypothèque est établie par la loi, le premier pour les mineurs, le deuxième pour les interdits. Quant à l'absent, il faut supposer que son intérêt exige qu'on fasse un emprunt et que pour l'obtenir il faille consentir une hypothèque; l'envoyé en possession provisoire pourra obtenir cette autorisation par un jugement. En ce qui concerne les envoyés en possession définitive, il est évident qu'ils peuvent hypothéquer puisqu'ils ont le droit d'aliéner.

Le contrat constitutif d'hypothèque est solennel et ne peut être passé que devant notaire. On se demande quelle est la cause qui a fait prescrire cette forme rigoureuse, car la propriété même des immeubles peut s'aliéner par acte sous seing privé. C'est que, si la transmission de la propriété a toujours en elle-même une publicité suffisante, il en est autrement de l'hypothèque dont l'existence aurait pu demeurer occulte, et que d'ailleurs la loi avait peut-être besoin d'apporter, par la nécessité de l'observation de formes solennelles, une restriction à la facilité trop grande qu'on eût eue de consentir hypothèque.

Notons qu'il ne suffit pas que l'acte constitutif d'hypothèque soit authentique ; il faut encore qu'il émane d'un notaire.

Quant aux actes passés à l'étranger, ils ne peuvent constituer hypothèque en France, à moins que des lois politiques ou des traités ne leur attribuent cet effet ; et ici, on ne peut pas, comme pour les hypothèques qui résultent des jugements rendus à l'étranger, les faire valoir en donnant la force exécutoire à ces actes.

L'art. 2129, l'un des plus importants de la matière, a trait à la *spécialité*, première base fondamentale d'un bon système hypothécaire.

Aux termes de cet article, la spécialité d'hypothèque résulte :
1° de la désignation de la nature de l'immeuble hypothéqué ;
2° de la désignation de la situation de ce même immeuble.

La spécialité de l'hypothèque conventionnelle est une règle nouvelle ; on ne peut plus comme autrefois hypothéquer ses biens en bloc ; on peut bien hypothéquer tous ses immeubles ; mais il faut que chacun le soit nominativement. Le motif qui a fait introduire la spécialité, c'est qu'elle favorise le crédit du débiteur et par suite le crédit public ; qu'elle fait éviter le concours de plusieurs créanciers sur le même immeuble, ce qui amène des ordres difficiles et dispendieux ; et enfin qu'elle favorise la publicité de l'hypothèque.

Du reste, la loi n'étant entrée dans aucun détail, les juges auront toujours, s'il s'élève des contestations, à examiner si les énonciations sont suffisantes.

Du principe de la spécialité découle naturellement la fin de l'article 2129, qui décide que les biens à venir ne peuvent être hypothéqués ; mais l'article suivant apporte une grave modification à cette règle, et l'annule presque totalement, car il permet d'hypothéquer les biens à venir à deux conditions :
1° que le débiteur hypothéquera d'abord ses biens présents ;

2° qu'il déclarera que les biens dont il est actuellement propriétaire sont insuffisants ; mais il est bien facile de remplir ces conditions ; il y a donc une anomalie entre les art. 2129 et 2130, car l'un défend ce que l'autre permet. Cette anomalie s'explique historiquement : parmi les rédacteurs du Code l'un et l'autre principe avait ses partisans ; on transigea et l'on dit : on ne pourra pas hypothéquer ses biens à venir, à moins qu'on n'hypothèque en même temps tous ses biens présents et qu'on ne déclare, dans l'acte constitutif d'hypothèque, l'insuffisance de ces biens.

Le contrat doit en outre, pour que la spécialité soit complète, énoncer le chiffre exact de la créance ; si cette créance est conditionnelle ou indéterminée, le créancier doit déclarer l'estimation qu'il en fait, et le débiteur aura toujours le droit de demander la réduction de cette estimation si elle est excessive.

D'après l'art. 2131, si l'immeuble vient à périr ou à se détériorer de manière qu'il soit insuffisant pour garantir le créancier, celui-ci peut dès à présent poursuivre son remboursement ou demander un supplément d'hypothèque. Mais il faut distinguer si la perte de l'immeuble est arrivée par la faute du débiteur ou par cas fortuit; dans ce second cas, c'est le débiteur qui a le choix de rembourser immédiatement ou de donner un supplément d'hypothèque.

Du reste, il convient de remarquer que l'art. 2131, spécial à la matière des hypothèques conventionnelles, ne s'applique ni aux hypothèques légales ni aux hypothèques judiciaires.

Du principe que l'hypothèque frappe sur toutes les qualités de l'immeuble, il suit qu'elle doit porter sur la plus-value résultant des améliorations réalisées sur l'immeuble, sauf les droits du tiers détenteur, tels qu'ils sont établis par l'art. 2175.

La *publicité* est la deuxième base du système hypothécaire. Autrefois, l'hypothèque indépendante de toute publicité demeurait occulte, et de là des difficultés et des inconvénients sans nombre. Aujourd'hui, au contraire, aux termes de l'art. 2134, l'hypothèque, soit légale, soit judiciaire, soit conventionnelle, n'a de rang que du jour de l'inscription prise par le créancier sur les registres du conservateur des hypothèques dans la forme et de la manière prescrites par la loi, sauf les exceptions portées en l'art. 2135.

En effet, sont dispensées d'inscription, d'après cet article, les hypothèques légales : 1° des mineurs et interdits ; 2° des femmes mariées.

On conçoit aisément que l'hypothèque, dans ces deux cas, eût été une garantie illusoire si on eût exigé la formalité de l'inscription.

Quant à la question de savoir comment on peut concilier cette dispense d'inscription avec le principe général posé en l'art. 2134, l'art. 2135 la résout ainsi : 1° en ce qui concerne le mineur ou l'interdit, l'hypothèque prend rang du jour de l'acceptation de la tutelle, ou pour mieux dire du jour de l'entrée en fonctions du tuteur (art. 2194); il peut en effet s'écouler entre ces deux époques un espace de temps assez long, et pour que la garantie qu'on veut donner au mineur ne soit pas illusoire, elle doit commencer au jour où le tuteur est réellement responsable.

En ce qui concerne la femme, l'hypothèque ne prend rang qu'au fur et à mesure de la naissance de ses créances contre son mari. Aussi on peut poser en principe que le rang de son hypothèque est déterminé par la date du jour dans lequel sont nées ou auquel remontent les diverses créances qu'elle peut avoir contre son mari ; ainsi, par exemple, pour la dot et les conventions matrimoniales, l'hypothèque de la femme a rang du jour de la célébration du mariage.

Au contraire, l'hypothèque destinée à assurer le remboursement des sommes provenant de successions ou donations échues à la femme pendant le mariage, prend rang seulement du jour de l'ouverture de la succession ou du jour où la donation a produit son effet.

Celle pour la restitution des sommes provenant de dettes que la femme a contractées avec son mari, et dans l'intérêt de celui-ci, prend rang du jour de l'obligation.

L'art. 2135 n'est pas du reste limitatif en ce qui concerne les causes d'hypothèque légale de la femme; celle-ci peut en effet en avoir d'autres que celles exprimées en cet article : par exemple, le mari a détérioré les propres de sa femme, il a touché ses revenus paraphernaux, etc.; dans tous ces cas l'hypothèque prendra rang du jour de l'événement qui aura fait naître l'obligation du mari.

On voit donc qu'il y a entre l'hypothèque légale du mineur et celle de la femme mariée une grande différence; au contraire de l'hypothèque légale du mineur, celle de la femme mariée n'a pas une date unique : donner, en effet, une date unique à l'hypothèque de la femme eût été porter une grave atteinte au crédit du mari, et par conséquent au crédit public ; il aurait, du reste, été facile au mari de s'entendre avec sa femme pour rendre inutile et inefficace l'hypothèque de créanciers antérieurs, ce qu'on n'a pas à craindre entre le mineur et son tuteur. De plus, la femme a un moyen bien simple de sauvegarder ses droits si son mari dissipe son patrimoine, c'est de demander la séparation de biens.

L'hypothèque légale des mineurs et des femmes mariées existe, sans doute, indépendamment de toute inscription; mais l'art. 2136 impose à certaines personnes l'obligation de faire inscrire ces hypothèques. Ce sont le tuteur pour le mineur et l'interdit, et le mari pour la femme.

La sanction de cette obligation, c'est que les tuteurs ou maris seront considérés cómme stellionataires s'ils consentent des priviléges ou hypothèques sur leurs immeubles sans déclarer que ces hypothèques seront primées par celles de la femme ou du mineur; par conséquent ils n'auront pas à faire cette déclaration s'ils ont fait inscrire, car alors le créancier sera coupable s'il ne s'est pas assuré de l'existence de ces hypothèques.

Le subrogé tuteur est en outre tenu, sous sa responsabilité personnelle et sous peine de tous dommages et intérêts, de requérir l'inscription.

Le procureur impérial doit aussi veiller à l'exécution de cette formalité.

La loi reconnaît en outre à certaines personnes la faculté de faire inscrire : ainsi, les parents soit du mari, soit de la femme, les parents du mineur ou de l'interdit, et même la femme, le mineur ou l'interdit eux-mêmes peuvent requérir l'inscription.

Cependant, tout en voulant accorder à la femme et au mineur des garanties suffisantes, la loi n'a pas voulu porter une atteinte trop grave et inutile au crédit du mari et du tuteur ; aussi permet-elle de restreindre dans certains cas l'hypothèque.

Et d'abord, en ce qui concerne la femme mariée, « les parties majeures, dit l'art. 2140, peuvent convenir qu'il ne sera pris d'inscription que sur un ou plusieurs immeubles du mari, et alors les immeubles qui ne sont pas indiqués par l'inscription resteront libres et affranchis de toute hypothèque. »

On remarque deux choses dans cet article : 1° la loi permet une restriction d'hypothèque, mais non une renonciation ; 2° il faut que les époux soient majeurs, le mari comme la femme, car on est ici dans un droit exceptionnel, et il faut s'en tenir autant que possible aux termes de la loi.

L'art. 2144 permet encore de restreindre l'hypothèque pendant le mariage, mais à plusieurs conditions que cet article énumère.

Quant à l'hypothèque du mineur ou de l'interdit, le conseil de famille peut la restreindre dans l'acte de nomination. Si l'on ne l'a pas fait dans l'acte de nomination, le tuteur pourra demander cette réduction en vertu de l'art. 2145.

DU MODE D'INSCRIPTION DES HYPOTHÈQUES.

Les hypothèques, dit l'article 2146, s'inscrivent au bureau du conservateur des hypothèques dans l'arrondissement duquel sont situés les biens soumis à l'hypothèque. Si donc il y a des immeubles situés dans plusieurs arrondissements, on devra prendre inscription dans autant de bureaux différents. C'est ainsi que ceux qui voudront savoir s'il existe des hypothèques sur tel ou tel immeuble, pourront s'en assurer.

Quand l'inscription pourra-t-elle ou ne pourra-t-elle pas se faire ? L'art. 2144 nous dit que les inscriptions ne produisent aucun effet si elles sont prises dans le délai pendant lequel les actes faits avant l'ouverture de la faillite sont déclarés nuls. Mais quel est ce délai ? L'art. 446 du Code de commerce répond à cette question : « Sont nulles et sans effet, dit cet article, relativement à la masse, les hypothèques conventionnelles ou judiciaires, pour dettes antérieurement contractées, constituées par le débiteur depuis l'époque déterminée par le tribunal comme étant celle de la cessation des payements, ou dans les dix jours qui auront précédé cette époque. » Cela parce que le jugement déclaratif de faillite a enlevé au débiteur l'administration de ses biens, et la loi veut que chaque créancier conserve la position qu'il avait au moment de la faillite et qu'il ne depende pas du failli de changer cette position, car ce serait pour lui un moyen facile de collusion avec certains créanciers.

On étend cette prohibition aux dix jours qui précèdent la cessation des payements, parce que dès cette époque le débiteur prévoyant sa faillite pourrait frauder ainsi ses créanciers.

Voilà pour la constitution d'hypothèque en cas de faillite ; voyons pour l'inscription. L'art. 448 du Code de commerce nous dit : « Les droits d'hypothèque et de privilége valablement acquis pourront être inscrits jusqu'au jour du jugement déclaratif de la faillite. Néanmoins les inscriptions prises après l'époque de la cessation de payements ou dans les dix jours qui précèdent, pourront être déclarées nulles, s'il s'est écoulé plus de quinze jours entre la date de l'acte constitutif de l'hypothèque et celle de l'inscription. » C'est encore pour éviter un genre de collusion très-fréquent auparavant : le débiteur stipulait de son créancier qu'il ne ferait pas inscrire son hypothèque afin de ne pas nuire à son crédit ; celui-ci y souscrivait, croyant avoir le temps de s'inscrire ; le débiteur contractait de nouvelles obligations et les tiers se voyaient primés par des hypothèques antérieures qu'ils n'avaient pu connaître.

Il faut remarquer que la nullité des constitutions et des inscriptions d'hypothèque n'existe qu'à l'égard des créanciers entre eux et que l'hypothèque reste valable à l'égard du failli et des créanciers postérieurs à la faillite, car il n'y a pas de motif pour décider le contraire.

L'art. 2146 de notre titre prononce aussi la nullité, entre créanciers, des hypothèques inscrites depuis l'ouverture d'une succession acceptée sous bénéfice d'inventaire. Cette acceptation fait, en effet, présumer l'insuffisance d'actif et doit être assimilée à la faillite. Si la succession était répudiée, on donnerait *a fortiori* la même solution.

Les successions échues à des mineurs ne peuvent être acceptées que sous bénéfice d'inventaire; fera-t-on ici comme dans le cas de l'art. 2146? La loi ne distingue pas, mais il faut se ranger pour la négative, car il n'y a pas ici le motif qui a fait introduire cette disposition.

Dirait-on la même chose dans le cas de déconfiture que dans celui de faillite? Non, car il n'existe aucun texte de loi qui permette d'étendre l'effet des art. 446 et 448 du Code de commerce à la déconfiture.

Enfin, aux termes de l'art. 2151, le créancier inscrit pour un capital produisant intérêts ou arrérages a droit d'être colloqué pour deux années seulement et pour l'année courante, sans préjudice des inscriptions particulières à prendre, portant hypothèque à compter de leur date pour les arrérages autres que ceux conservés par la première inscription. Ceci est de droit nouveau : la loi XX au Digeste colloquait tous les intérêts au même rang que le capital; cela portait préjudice aux tiers, car les intérêts échus peuvent être fort élevés et ceux qui traitaient avec le débiteur n'avaient aucun moyen d'en connaître le montant; aussi la limite posée par l'art. 2151 est-elle fort raisonnable.

La loi n'ayant pas distingué par leur époque d'échéance les deux années qui doivent être colloquées, il faut remarquer que le créancier à qui il sera dû plus de deux années d'intérêt pourra se faire colloquer pour deux années, et de plus pour les intérêts échus l'année courante.

DE LA SURENCHÈRE SUR ALIÉNATION VOLONTAIRE.

Nous avons vu que l'hypothèque donne aux créanciers le droit de se faire payer par préférence sur le prix de l'immeuble, mais ce droit deviendrait inefficace et illusoire si le débiteur s'entendait avec l'acheteur pour vendre l'immeuble à vil prix; ou bien si, par l'incurie du débiteur, l'immeuble venait à être vendu au-dessous de sa valeur. C'est pour éviter les effets de la fraude ou de la mauvaise foi du débiteur qu'on a accordé au créancier le droit de surenchérir.

Mais il ne faut pas confondre cette surenchère avec celle qui a lieu en matière d'expropriation forcée, car les règles en sont toutes différentes.

L'art. 434 du Code de procédure a complétement changé la règle posée en l'art. 2166 du Code Napoléon; en effet, d'après cet article, il fallait, pour que le créancier pût exercer le droit de suite, que son hypothèque fût inscrite avant l'aliénation ; le débiteur avait là un moyen facile de frauder son créancier en cherchant à faire retarder l'inscription. Aussi l'art. 834 porte :

« Les créanciers qui, ayant une hypothèque, aux termes des
« art. 2122, 2127 et 2128 du Code Napoléon, n'auront pas fait
« inscrire leurs titres antérieurement aux aliénations qui seront
« faites à l'avenir des immeubles hypothéqués, ne seront reçus
« à requérir la mise aux enchères, conformément aux disposi-
« tions du Code civil, qu'en justifiant de l'inscription qu'ils
« auront prise depuis l'acte translatif de propriété et au plus
« tard dans la quinzaine de la transcription de cet acte. » Ainsi, si au moment de l'aliénation, le créancier n'a pas fait inscrire et qu'il s'aperçoive que l'immeuble n'a pas été vendu à sa juste valeur, il conserve néanmoins, tant que l'acte d'acquisition n'aura pas été transcrit et même pendant quinze jours après cette transcription, le droit, en faisant inscrire son hypothèque, de requérir la mise aux enchères.

Comment arrive-t-on à la surenchère? Les art. 2183 et 2185 du Code Napoléon déterminent quelles sont les significations à faire, le premier pour l'acheteur qui veut purger, le second pour le créancier qui veut surenchérir. Ces significations, dit l'art. 832 du Code de procédure, seront faites par un huissier commis à cet effet, sur simple requête, par le président du tribunal de première instance de l'arrondissement où elles auront lieu; elles contiendront constitution d'avoué.

L'acte de réquisition de mise aux enchères contiendra, avec l'offre et l'indication de la caution, assignation à trois jours devant le tribunal pour la réception de cette caution. Il y sera procédé sommairement. Si la caution est rejetée, la surenchère sera déclarée nulle et l'acquéreur maintenu en possession de l'immeuble, à moins qu'il n'ait été fait d'autres surenchères par d'autres créanciers.

Lorsqu'une surenchère aura été notifiée avec assignation dans les termes de l'art. 832, chacun des créanciers aura le droit de se faire subroger à la poursuite si le surenchérisseur ou le nouveau propriétaire ne donnent pas suite à l'action, dans le mois de la surenchère.

Le même droit de subrogation reste ouvert au profit des créanciers inscrits lorsque, dans le cours de la poursuite, il y a collusion, fraude ou négligence de la part du poursuivant.

La subrogation sera demandée par simple requête en intervention et signifiée d'avoué à avoué. Dans tous ces cas, la subrogation aura lieu aux risques et périls du premier surenchérisseur, sa caution continuant à être obligée.

L'art. 835 donne lieu de remarquer qu'il y a une grande différence entre les créanciers inscrits avant l'aliénation et ceux inscrits dans la quinzaine de la transcription de l'acte de vente: c'est que l'acheteur n'est pas tenu de faire à ces derniers les notifications prescrites par l'art. 2183.

Les art. 836 et 837 indiquent les formalités à suivre pour arriver à la vente sur surenchère. Enfin l'art. 838 dit que même en cas de subrogation, le premier surenchérisseur sera déclaré adjudicataire si, au jour fixé pour l'adjudication, il ne se présente pas d'autre surenchérisseur.

La folle enchère est admise en cette matière comme en matière de saisie immobilière. Les formalités prescrites par les art. 832, 836 et 837, seront observées à peine de nullité. Aucun jugement ou arrêt par défaut ne sera susceptible d'opposition, et même on ne pourra attaquer par voie de l'appel que les jugements statuant sur les nullités antérieures à la réception de la caution et ceux qui prononceront sur la demande en subrogation intentée pour collusion ou fraude.

Une fois l'adjudication prononcée, il ne pourra y avoir aucune autre surenchère. Les effets de cette adjudication, à la suite de la surenchère, sont réglés, à l'égard du vendeur et de l'adjudicataire, par l'art. 717 du Code de procédure. Ainsi l'adjudication ne donnera à l'adjudicataire que les mêmes droits qu'avait le débiteur sur l'immeuble aliéné; mais l'adjudicataire ne pourra être troublé sous prétexte que le prix d'anciennes aliénations n'a pas été payé, à moins que la demande n'ait été faite, avant l'adjudication, au greffe du tribunal, auquel cas il doit être statué avant de passer outre.

CODE DE COMMERCE.

Nous savons que tous les biens d'un débiteur sont le gage commun de ses créanciers. Les art. 552-56 du Code de commerce règlent la manière dont le prix de ces biens doit être distribué entre les divers créanciers hypothécaires. Quoique ces articles ne soient relatifs qu'aux commerçants, on peut dire qu'ils sont d'une application générale, même entre non-commerçants, car on est là dans le droit commun.

On fait deux masses du prix provenant de la vente des biens du débiteur : les sommes provenant de la vente des biens hypothéqués forment la masse hypothécaire; celles provenant des biens non soumis à l'hypothèque constituent la masse chirographaire. Si l'on commence par la répartition de la masse immobilière, ou si on la fait simultanément avec la masse mobilière, les créanciers sur le prix des immeubles concourront en proportion de ce qui leur sera dû, avec les créanciers chirographaires, sur la masse mobilière; il serait injuste, en effet, que par cela seul qu'ils ont tel ou tel bien affecté à la sûreté de leurs créances, ils ne puissent pas jouir du droit commun, puisque les biens du débiteur sont le gage commun de tous ses créanciers.

Si, au contraire, on commence par distribuer la masse chirographaire, les créanciers hypothécaires y concourront proportionnellement à la totalité de leurs créances, car ils sont en même temps créanciers chirographaires. Mais dans ce cas, il pourra se présenter plusieurs hypothèses: si le prix provenant de la vente des biens hypothéqués couvre la totalité de leurs créances, ils devront reverser dans la masse chirographaire tout ce qu'ils en auront touché, car ils ne seront pas créanciers chirographaires.

Si, au contraire, ils ne sont pas colloqués utilement dans la répartition des immeubles, ils garderont ce qu'ils auront touché. Il en sera de même s'ils n'ont été colloqués que partiellement, mais bien entendu jusqu'à concurrence de ce qui leur resterait dû après leur collocation hypothécaire.

DE L'ORDRE.

On donne le nom d'ordre à la procédure qui a pour but de régler le prix provenant d'une vente immobilière entre les divers créanciers privilégiés et hypothécaires.

Les créanciers chirographaires ne sont pas admis à l'ordre,

si ce n'est comme parties intervenantes pour contester. Si après avoir épuisé les collocations privilégiées et hypothécaires, il reste des fonds disponibles, l'ordre est clos et il y a lieu à une répartition par contribution entre les créanciers chirographaires.

On chercherait en vain dans l'ancienne législation une loi générale sur cette matière; l'ordonnance de 1667 n'en parle pas. Il y avait autant d'usages que de juridictions : dans certaines coutumes, l'ordre se suivait avant la vente, pendant les poursuites. Dans la plupart, il avait lieu après la vente. La loi du 11 brumaire an VII établit une marche uniforme sur cette matière ; cette loi a été reproduite et simplifiée par le Code de procédure. L'ordre est amiable ou judiciaire.

Ordre amiable. — Avant de recourir aux formalités judiciaires, les parties doivent essayer de se régler à l'amiable sur la distribution du prix provenant de l'immeuble.

Le délai accordé pour se régler à l'amiable varie suivant qu'il s'agit d'une vente forcée ou d'une vente volontaire; dans le premier cas il est d'un mois à partir de la signification du jugement d'adjudication, s'il n'est pas attaqué, ou dans le mois de la signification du jugement définitif, s'il y a eu appel. Dans le second cas, le délai est de trente jours à partir des délais fixés par les art. 2185 et 2194 pour purger les hypothèques.

Ces délais expirés, quand les parties n'ont pu s'arranger, l'ordre judiciaire est ouvert sans qu'il soit besoin de justifier de cet essai de conciliation.

Si les créanciers se sont entendus sur l'ordre amiable, la première formalité à remplir est la signification du jugement d'adjudication.

A qui doit se faire cette signification? Cette question a été longtemps controversée ; elle est tranchée par l'art. 749 du

Code de procédure, revisé par la loi du 2 juin 1841, qui dit que la signification se fera seulement au saisi.

L'ordre amiable doit se faire par acte notarié; pour qu'il soit régulier, il faut que toutes les parties intéressées y soient appelées : ainsi, non-seulement tous les créanciers privilégiés et hypothécaires et la partie saisie, mais encore les créanciers chirographaires ayant formé opposition entre les mains de l'acquéreur.

Le tribunal est appelé, en homologuant l'ordre, à prononcer la déchéance de tous créanciers qui, ayant été appelés, n'auraient pas produit leurs titres.

Du reste, la nullité résultant de ce qu'une partie intéressée n'aurait pas été appelée à l'ordre, n'est pas d'ordre public et ne pourrait être opposée que par la partie elle-même.

Pour concourir à un ordre amiable, toutes les parties doivent être majeures et capables de s'engager, ou du moins faut-il que celles qui sont incapables se trouvent désintéressées par le résultat du règlement; sinon l'ordre ne serait définitif qu'autant qu'il aurait été homologué comme une transaction concernant les mineurs.

Il suffit qu'une seule partie ne consente pas à l'ordre amiable pour qu'il ne puisse avoir lieu; la majorité ne peut lier la minorité.

Si l'acquéreur a figuré à l'ordre amiable, il devra l'exécuter purement et simplement, sinon on devra lui signifier le règlement et la grosse de l'acte de vente; car dans ce cas cette grosse est demeurée le seul titre exécutoire contre lui. S'il s'élevait des contestations sur l'ordre, on les viderait par voie d'action principale devant le tribunal de première instance. Si les parties ne peuvent s'arranger par l'ordre amiable, on procède à l'ordre judiciaire.

Ordre judiciaire. — L'ordre judiciaire a lieu à la suite d'une aliénation volontaire ou d'une aliénation forcée.

Dans tous les cas autres que celui d'aliénation forcée, l'ordre ne pourra être provoqué s'il n'y a plus de trois créanciers inscrits; cela parce qu'il est facile à un aussi petit nombre de créanciers de faire régler leurs droits par un simple jugement, sans recourir à une procédure spéciale et très-onéreuse ; et il faut que ces créanciers soient inscrits sur le même immeuble, car s'il en était autrement leurs droits seraient distincts. L'article 775 ne parle que des créanciers et non des inscriptions ; ainsi, y aurait-il plus de trois inscriptions, s'il n'y a pas plus de trois créanciers, l'ordre n'aura pas lieu ; mais l'ordre une fois ouvert, il est indifférent que le nombre des créanciers augmente ou diminue.

S'il n'y a pas plus de trois créanciers inscrits, le règlement se fait à l'audience : le poursuivant assigne les parties intéressées, l'adjudicataire et le vendeur. Cette assignation, aux termes de l'art. 775, ne pourra être faite que dans les délais pour surenchérir et purger les hypothèques. Il est évident qu'il n'est pas besoin de citer en conciliation puisqu'il y a toujours plus de deux parties en cause.

Si la vente a été faite sur expropriation forcée, le nombre des créanciers inscrits est indifférent.

Quelles personnes peuvent poursuivre l'ordre? En cas d'aliénation volontaire, le créancier le plus diligent ou l'adjudicataire ont le droit de poursuivre; en cas d'expropriation forcée, l'art. 750 accorde ce droit au saisissant; à son défaut ce sera au créancier le plus diligent ou même à l'adjudicataire. Du reste, en cas de retard ou de négligence dans la poursuite, l'art. 779 permet de demander la subrogation. Cette subrogation doit être prononcée en la chambre du conseil, sur le rapport du juge-commissaire.

Voyons maintenant quelle marche on doit suivre pour arriver à l'ordre. Toute cette procédure peut se diviser en deux parties : 1° celle qui amène un règlement provisoire ; 2° celle qui amène un règlement définitif.

Règlement provisoire.—A l'expiration des délais pendant lesquels l'ordre judiciaire ne peut avoir lieu, la partie poursuivante requiert, sur un registre spécial tenu au greffe, la nomination d'un juge-commissaire. Sur le même registre et à la suite de la réquisition, le président fait cette nomination.

Le juge-commissaire nommé, le poursuivant lui adresse une requête à l'effet d'obtenir une ordonnance permettant de sommer les créanciers de produire. A cette requête est joint un état des inscriptions existantes au moment de l'adjudication, s'il s'agit d'une vente forcée, ou à celui des inscriptions prises dans la quinzaine de la transcription de l'acte de vente s'il s'agit d'une vente volontaire. Cet état est délivré par le conservateur des hypothèques ; sur le vu de cette requête et de cet état, le juge-commissaire ouvre le procès-verbal d'ordre. En vertu de l'ordonnance du juge, le poursuivant fait sommation aux créanciers inscrits de produire leurs titres. Le délai pour produire est d'un mois à partir de la sommation (art. 753, Cod. pr.).

Aucun texte de loi ne permet de frapper de déchéance le créancier qui n'a pas produit dans le délai d'un mois. Il peut produire tant que l'ordre n'a pas été clos. Mais l'art. 757 porte que les créanciers qui n'auront produit qu'après le délai, supporteront tous les frais que cette production tardive aura pu occasionner et qu'ils sont garants des intérêts qui ont couru à compter du jour où ils auraient cessé si la production eût été faite dans le délai fixé.

Le mois expiré et même auparavant, si tous les créanciers ont produit, le juge-commissaire dresse un règlement provisoire, d'après les pièces produites; par conséquent, il doit colloquer tous les créanciers produisants. Chaque collocation fait l'objet d'un article séparé, qui comprend : 1° le principal de la créance; 2° les intérêts si elle en produit; 3° les frais accessoires tels que ceux d'inscription et de poursuite. On colloque en première ligne les frais faits par l'acquéreur dans l'intérêt de tous les créanciers (C. proc., art. 777).

L'art. 755 porte : « Le poursuivant dénoncera, par acte
« d'avoué à avoué, aux créanciers produisants et à la partie
« saisie, la confection de l'état de collocation, avec sommation
« d'en prendre connaissance et de contredire s'il y échet dans
« le délai d'un mois. » S'il n'y a point de contestation, le jugement provisoire devient définitif; le juge liquide les frais et ordonne la délivrance des bordereaux et l'ordre demeure forclos; par conséquent, on prononce la déchéance des créanciers non produisants. S'il s'élève des contestations, le juge-commissaire les renvoie à l'audience; mais s'il existe des créances antérieures à celles contestées, on comprend que l'ordre demeure définitif à leur égard.

Règlement définitif. — D'après l'art. 760, les créanciers postérieurs aux collocations contestées doivent s'entendre, dans la huitaine du mois accordé pour contredire, sur le choix d'un avoué, sinon ils seront représentés par l'avoué du dernier créancier colloqué, et cela parce que celui-ci a le plus d'intérêt dans la contestation. Du reste, un seul créancier peut contester individuellement, mais à ses risques et périls, et il ne pourra jamais répéter les frais auxquels aura donné lieu sa contestation particulière.

L'art. 760 nous dit encore que l'audience sera poursuivie sur un simple acte d'avoué par la partie la plus diligente. Le jugement sera rendu sur le rapport du juge-commissaire et les conclusions du ministère public. Il contiendra liquidation des frais.

Le jugement qui statue sur les contestations élevées en matière d'ordre, peut être attaqué par la voie de l'appel, et ce droit appartient à tout créancier qui a été partie au jugement rendu sur les contredits. Cet appel devra être interjeté dans les dix jours de la signification à avoué, et l'assignation devant la cour doit contenir les griefs de l'appel. On conçoit qu'il faille mettre le débiteur en cause, si on veut attaquer la validité et non pas seulement le rang donné à la créance contestée.

Quinze jours après le jugement des contestations ou quinze jours après la signification de l'arrêt, s'il y a eu appel, le juge-commissaire dresse le règlement définitif. Les intérêts des créances colloquées cessent. Dix jours après la confection du règlement définitif et l'ordonnance du juge-commissaire, le greffier délivrera à chaque créancier colloqué un bordereau qui sera exécutoire contre l'acquéreur. Au fur et à mesure des payements des collocations, le conservateur des hypothèques, sur la représentation du bordereau et de la quittance du créancier, décharge d'office l'inscription jusqu'à concurrence de la somme acquittée.

Enfin l'inscription est rayée définitivement en vertu de l'ordonnance du juge-commissaire, qui prononce la radiation des inscriptions des créanciers non colloqués, lorsque l'adjudicataire a justifié de la totalité du payement de son prix, soit aux créanciers colloqués, soit à la partie saisie.

QUESTIONS.

I. L'hypothèque légale de la femme, à raison de ses créances paraphernales, est-elle dispensée des formalités de l'inscription ? — Oui.

II. Le mineur qui a atteint sa majorité peut-il donner mainlevée de son hypothèque légale avant la reddition du compte de tutelle? — Non.

III. L'inscription d'une hypothèque résultant d'une condamnation indéterminée est-elle valable, encore bien qu'elle ne renferme pas l'évaluation de la créance ? — Oui.

IV. L'art. 121 de l'ordonnance de 1629 est-il encore applicable aujourd'hui? — Oui.

V. Le mandat pour constituer hypothèque peut-il être valablement donné sous seing privé ? — Non.

VI. L'inscription nulle, à raison du défaut d'élection de domicile, peut-elle être rectifiée après coup au préjudice des hypothèques inscrites avant la rectification? — Oui.

VII. L'ordre pour la distribution du prix d'immeubles dépendant d'une succession bénéficiaire, vendus par adjudication publique, doit-il être poursuivi devant le tribunal du lieu où la succession est ouverte, ou devant le tribunal de la situation des biens dont le prix est à distribuer? — Devant le tribunal de la situation des biens.

VIII. En matière d'ordre, les jugements et arrêts sont-ils susceptibles d'opposition? — Non.

Vu par le Président de la thèse,
BRAVARD.

Vu par le Doyen,
C.-A. PELLAT.

www.ingramcontent.com/pod-product-compliance
Lightning Source LLC
Chambersburg PA
CBHW060717050426
42451CB00010B/1484